앨버트로스의 똥으로 만든 나라

1

희희낙락거리며 행운을 좇다

P.005

2

드디어, 짝을 찾다

P.065

1

희희낙락거리며 행운을 좇다

적도 부근에 위치한

태평양의 작은 섬나라,

나우루 공화국.

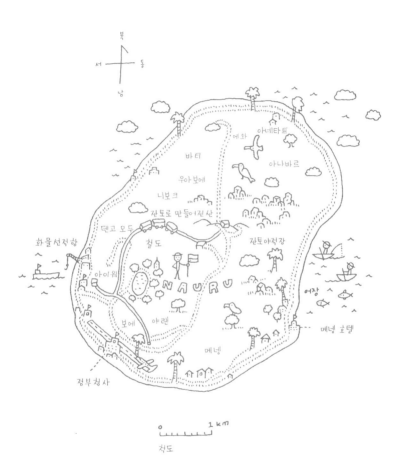

MAP of NAURU

오랜 세월,

앨버트로스의 똥이

산호초 위에 쌓여서

섬이 되었다고 합니다.

똥

앨버트로스

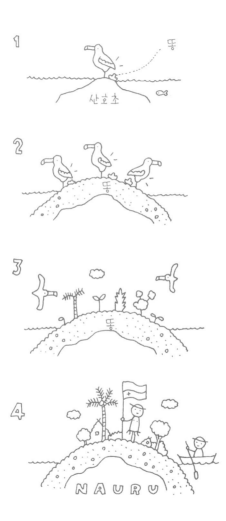

앨버트로스의 똥은 세월이 지나면서

인광석으로 변해 갔습니다.

섬의 지표면이 인광석으로 덮인거지요.

인광석은 유럽 선진국들이

서로 탐을 내는 귀중한 자원이랍니다.

질 좋은 화학비료의 원료가 되거든요.

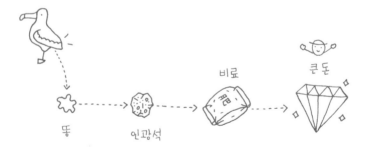

011

앨버트로스의 똥 덕분에

나우루는 누구나 부러워하는

부자 나라가 되었습니다.

하지만 부자 나라가 되기까지

나우루는 아주 힘든 시련을 겪었습니다.

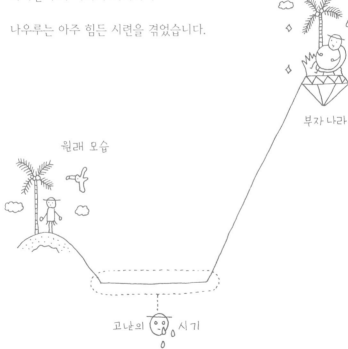

부자 나라

원래 오습

고난의 시기

유럽 사람들이 이 섬을 발견했을 때,

이미 그곳에는 나우루 사람들이 살고 있었습니다.

그들은 미크로네시아의 섬에서

건너온 듯했지만,

언제 어디서 왔는지

그들도 기억하지 못했습니다.

작은 섬에서 사람들은

코코넛을 따고 물고기를 잡아 자급자족하면서

행복하게 살았습니다.

인광석을 탐내는 나라들이 세계 곳곳에서

몰려들기 시작했습니다.

맨 처음 이곳에 도착한 나라는 독일이었습니다.

그 다음엔 영국이 들어와서 인광석을

운송하기 위해 철도를 만들었습니다.

그러나 섬에 사는 사람들은

무슨 일이 일어나고 있는지

알지 못했습니다.

바다 저편에서, 본 적도 없는 나라들이

제1차 세계대전을 일으켰습니다.

그 틈에 오스트레일리아 군대가

들어와 이 섬을 점령했습니다.

이럭저럭 전쟁은 끝났지만

오스트레일리아, 뉴질랜드, 영국이

섬을 함께 통치한다고 했습니다.

국제연맹이라는 곳에서 결정했다지요.

제2차 세계대전 때는

일본군이 이 섬을 점령했습니다.

그 사이 나우루 사람들은 줄곧 노동자였습니다.

그들이 받은 임금은 생산된

인광석의 5퍼센트 정도에 불과했습니다.

연합군

일본군

더욱이 일본군은 나우루 사람 1200명을

강제로 트럭 섬*으로 보냈습니다.

그 중에는 마을 원로의 아들인

해머 드로버트라는 청년도 있었습니다.

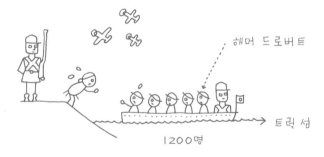

***트럭 섬** 원래 이름은 추크 제도(Chuuk Islands)로. 제2차 세계대전 당시 일본 함대가 중부 태평양의 가장 중요한 기지로 이용한 곳이다. '추크' 는 원주민어로 '산(山)' 을 뜻하는데, 유럽 사람들이 '트럭(Truk)' 이라고 잘못 표기하는 바람에 그렇게 불리다가 1990년에야 본래 이름을 되찾았다.

1945년 마침내 일본군이 철수했습니다.

전쟁이 끝난 것 같았습니다.

나우루 사람들은 자신들이 세계대전에

참여했다는 사실조차 몰랐습니다.

수많은 사람들이 피해를 입었지만요.

일본군

철수

T H E   E N D   o f   W A R

다음 해 트럭 섬에서 가까스로 살아남은

나우루 사람 737명이 섬으로 돌아왔습니다.

1월 31일의 일이었지요.

이날은 오늘날 나우루의 축제일로

지정되어 있답니다.

국제연맹이 해체되고 뒤이은

국제연합이 나우루의 통치자를 결정했습니다.

오스트레일리아, 뉴질랜드, 영국 세 나라가

공동으로 통치하기로 말이지요.

하지만 나우루 사람들도 전과 달랐습니다.

슬슬 독립을 생각하기 시작했습니다.

1968년,

그들의 염원이 실현되었습니다.

'나우루 공화국'은 독립국이 되었고,

1월 31일을 독립기념일로 정했습니다.

초대 대통령으로 트럭 섬에서 귀국한

해머 드로버트가 취임했습니다.

1968 January 31

해머 드로버트 대통령

독립기념일

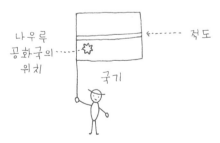

나우루
공화국의
위치

적도

국기

인광석은 나우루 국민의 것이 되었습니다.

그때까지 인광석은 다른 섬에서도

약간씩 채굴되고 있었지만,

이 무렵 거의 다 고갈되어 버렸습니다.

태평양에서 이 귀중한 자원을 가진 곳은

오로지 나우루 공화국뿐이었습니다.

절호의 기회가 아닐 수 없었지요.

울트라
초강력
부자나라

나우루 정부는 돈을 주고받는

체제를 만들었습니다.

우선 채굴과 수출은 나우루인광석공사가 도맡아 했습니다.

이익금의 절반은 국가 예산으로 두고,

나머지 절반은 국가 원로들로 구성된

나우루 지방정부평의회(현재는 나우루 섬 평의회)에

맡겼습니다.

평의회는 채굴장의 토지 소유자들에게

이익금을 똑같이 나눠 주고,

남은 돈을 적립해 두거나

특정 사업에 투자했습니다.

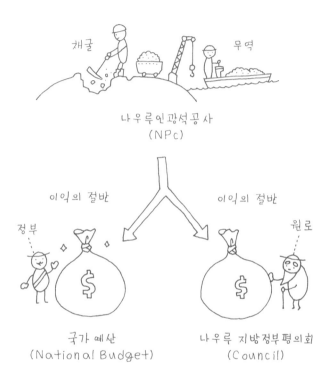

채굴

무역

나우루인광석공사
(NPc)

이익의 절반

이익의 절반

정부

원로

국가 예산
(National Budget)

나우루 지방정부평의회
(Council)

NAURU SYSTEM

나우루 사람들은 대부분 토지 소유자였기 때문에

이러한 정책이 대대적으로 환영받았습니다.

채소나 과일을 재배하던 경작지는

점차 광석 채굴장으로 바뀌어 갔습니다.

이 섬에서는 어느 곳을 파더라도

인광석이 나오기 때문입니다.

경작지가 없어져도 맛 좋은 통조림을 살 수 있는

돈이 엄청나게 들어왔습니다.

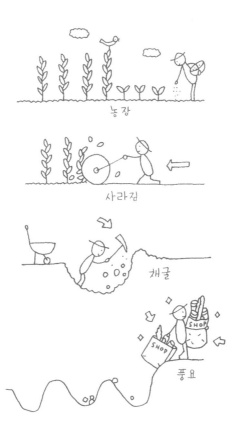

농장

사라짐

채굴

풍요

NEW NAURU LIFE

나우루 국민의 꿈같은

생활이 시작되었습니다.

그때까지 나우루 사람들의 주식은

섬에서 나는 코코넛과 물고기가 고작이었지만,

이제는 외국에서 수입한

통조림으로 바뀌었습니다.

식수로 미네랄워터를

수입할 정도였지요.

자연

농장

낚시

Before

⇩

After

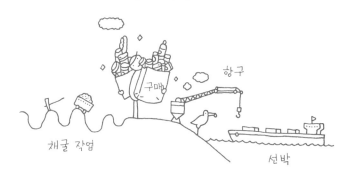

구매

항구

채굴 작업

선박

나우루 공화국에는 세금이 없답니다.

학교도 병원도 전기료도 공짜랍니다.

결혼하면 나라에서 방 두 칸에

거실과 부엌이 딸린 새집을 공짜로 줍니다.

힘든 채굴 작업을

직접 할 필요도 없습니다.

주변 섬에서 들어온

외국인 노동자들에게 시키면 되니까요.

그러자 아무도 일을 하지 않게 되었습니다.

'벼락부자 나라', '태평양의 제왕'이라는

험담에도 전혀 아랑곳하지 않았습니다.

비행기를 전세 내어 해외로

쇼핑 가는 사람도 있었습니다.

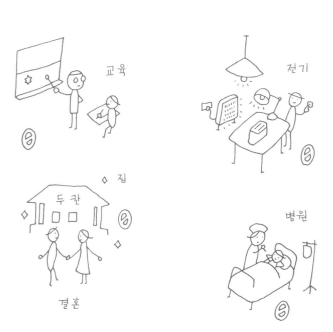

석유 덕분에 부자가 된 중동 국가들과

똑같지 않냐고요?

아뇨,

나우루에는 빈부 차이가 거의 없었습니다.

몇몇 부자가 인광석을 독점하는

것이 아니라, 이익이 그대로 모든 국민에게

골고루 분배되었으니까요.

따라서 어떤 나라의 왕족처럼

제멋대로 사치를 부리지도 않았습니다.

선진국의 보통 사람들이 사는 정도로 살았습니다.

다만 일은 전혀 하지 않았습니다.

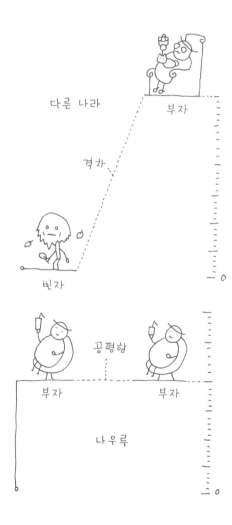

다른 나라

부자

격차

빈자

공평함

부자

부자

나우루

외국에서 온 사람들이

식당을 차렸습니다.

나우루 사람들은 밥도 거의 하지 않았습니다.

걸어 다니는 일도

아주 드물었지요.

늘 자동차나 오토바이를 타고 다녔으니까요.

어느 중국인이 경영하는

상점 앞에는 인터폰이 있어서,

차 안에서 손을 뻗어 버튼을 누르면

점원이 뛰어나와

무엇이 필요한지 물었습니다.

차에서 내리는 일조차 귀찮게 여기는

나우루 사람들을 위한 서비스였지요.

정부의 공무원도

외국인 출신이 맡았습니다.

섬을 일주할 수 있는 19킬로미터 정도되는 국도에는

목적도 없이 그냥 빙빙 돌고 있는

젊은이들이 있었습니다.

적도 가까이에 위치한 나우루 섬은

밤에도 찌는 듯 무덥지만,

자동차 창문을 열어 놓고 달리면 시원하거든요.

독립해서 1980년대까지

나우루 공화국은

'세계에서 가장 풍요로운 나라'로

일컬어졌습니다.

NAURU

USA

KOREA

1981年
1인당 국민 소득
(추정치)

20000달러   13500달러   1800달러

먹고놀다 보니 비만으로 인한

당뇨병이 심각한 문제가 되었습니다.

미크로네시아 계의 인종은

원래 뚱뚱해지기 쉬운 체질입니다.

그러나 '살찐 사람이 멋있다'는

전통적인 인식 때문에 누구도

이러한 현상을 염려하지 않았습니다.

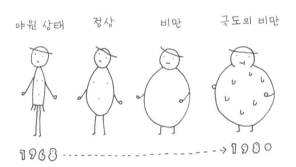

야윈 상태   정상   비만   극도의 비만

1968 - - - - - - - - - - - - - → 1980

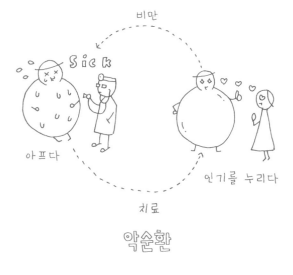

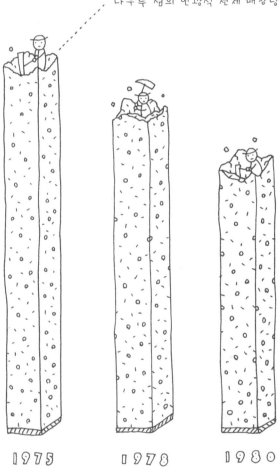

나우루 섬의 인광석 전체 매장량

1975 1978 1980

그러던 어느 날,

놀라운 사실이 밝혀졌습니다.

나우루 섬의 인광석이 21세기를 맞기 전에

고갈되리라는 조사 결과가 나온 것입니다.

사실 처음 나온 이야기는 아니었습니다.

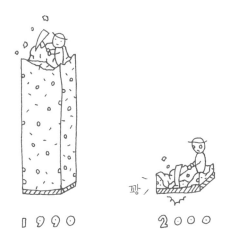

1990   2000

하지만 그다지 심각하게

받아들이지는 않았습니다.

채굴량을 줄여서 남아 있는

자원을 절약하려고 했지만

그래도 줄어드는 것을

피할 수는 없었습니다.

나우루는 대책을 내놓았습니다.

"예전에 제멋대로 채굴해 간

인광석의 대금을 지불하라."

그리하여 오스트레일리아로부터

1억 700만 오스트레일리아 달러(AUD)를 받았습니다.

하지만 그걸로는 충분하지 않았습니다.

그 정도의 돈으로는

지금까지 누려 온 생활을 할 수 없었습니다.

한번 맛본 풍요로운 생활을

포기하기는 쉽지 않았지요.

사실, 나우루는 자원이 고갈된 이후를

대비하여 기금을 마련해 왔습니다.

원로들로 구성된 나우루 지방정부평의회가

운영해 온 적립금과 투자금이 있었지요.

하지만 결과는 실패했습니다.

대대적인 부동산 투자가 그런 경우였습니다.

멜버른에 있는 초고층 오피스텔 나우루 하우스,

시드니에 건설한 메르퀴르 호텔,

괌에 있는 고급 호텔 퍼시픽 스타 호텔,

하와이에 있는 콘도미니엄 나우루 타워,

사이판 섬에 지은 나우루 빌딩.

하지만 임대 수입에 의지해 국가를

경영할 수는 없는 노릇이지요.

만일의 경우에는

국민 전체가 그곳으로 이주한다는

원대한 계획도 수립했지만

역시 실현될 수는 없었습니다.

NAURU TOWER
하와이

원로

NAURU HOUSE
오스트레일리아

NAURU BUILDING
사이판

MERCURE HOTEL
오스트레일리아

PACIFIC STAR HOTEL
괌

실패한 이유는 명확합니다.

나우루 사람들은 자산 운용이란 걸

해본 경험이 없었기 때문입니다.

심지어, 세금이 없는 나우루에

'꿈의 카지노를 만들겠다' 는

사기꾼의 꼬임에 빠져 거액을 사기당한

일도 있었습니다.

꿈은

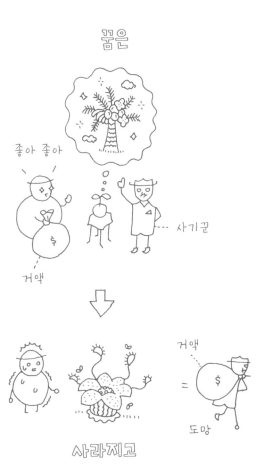

좋아 좋아

사기꾼

거액

거액

도망

사라지고

그런데도

나라 안에서는 모두

희희낙락하며 놀고 있었지요.

무사태평한 생활

위기를 느꼈건만

나우루 정부는

'여전히 국민이 일하지 않는구나'

하고 걱정했습니다.

그러나 해결책은 알지 못했습니다.

3 장고 끝에……

4 악수

지금까지 나우루 사람들은

자급자족하는 생활,

강제노동에 시달린 식민지 생활,

일하지 않고 노는 생활만

해보았을 뿐입니다.

믿기지 않겠지만 이곳 사람들은

일을 해서 생활비를 번다는 건

상상조차 하지 못했습니다.

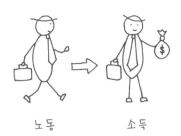

노동   소득

원시 상태

채집한다   먹는다

전쟁 상태
제1·2차
세계대전

노동한다   아무런 결과도
                 얻지 못한다

현재

잠잔다   먹는다

정부에서 어항漁港을 개발하고,

공영 어시장을 만들었지만

어부가 되려는 사람은 없었습니다.

나우루 사람들에게 '고기잡이'는

여가 활동에 불과했습니다.

어쩌다 출항하더라도 잡은 물고기는

자기가 먹고 말았지요.

음식점에 가면

맛있는 물고기 요리를

얼마든지 먹을 수 있으니

시장은 텅 빈 채 썰렁했습니다.

애써 만들어 놓은 어항은 잠시 더위를 식히는

수영장으로 바뀌는 형편이었습니다.

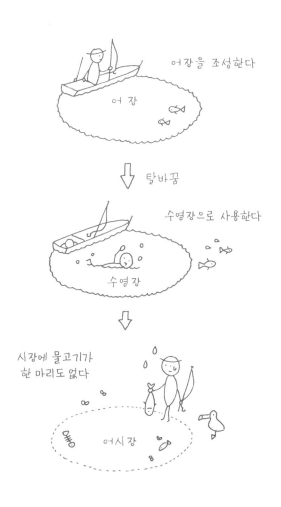

어장을 조성한다

어 장

탈바꿈

수영장으로 사용한다

수 영 장

시장에 물고기가
한 마리도 없다

어시장

외국 자본을 꾸준히 유치하여

나우루 섬을 고급 휴양지로

개발한다는 방안도 제기되었습니다.

하지만 오랜 세월 채굴 작업을 진행해 온 탓에

국토는 어느 한 군데 성한 곳이 없었습니다.

휴양지로는 적합하지 못했지요.

잘 갖춘 해수욕장도 없을 뿐만 아니라

고급스러운 느낌도 전혀 주지 못했습니다.

결국 좌절할 수밖에 없었구요.

1990년대에 접어들면서

인광석을 팔아 벌어들이는

수입이 눈에 띄게 줄어들었습니다.

광고하다

장기 여행

여행객을 맞다

한국

나우루

실패하다

나우루 정부는 사태를 해결하기 위해서 부랴부랴

해외 부동산을 담보로 자금을 빌렸습니다.

1999년 9월에는 국제연합에

정식으로 가입하기도 했습니다.

그런 뒤 깜짝 놀랄 만한 작전에 돌입했습니다.

먼저 국적을 팔기 시작했습니다.

미화 기준으로 현금 2만 5000달러와

간단한 면접만으로 국적을

취득할 수 있게 해주었습니다.

결혼 여부, 언어 능력, 주거 지역 등

자세한 내용은 전혀 보지 않았습니다.

EVERYBODY
NAURUAN

NAURUAN = 나우루 국민

또 하나의 전략은, 은행이었습니다.

인터넷을 이용하는 나우루 은행은

굉장한 성공을 거두었습니다.

왜냐하면 이 나라에서는

전혀 세금을 부과하지 않으니까요.

세금 부담을 줄이고 싶어 하는 부자들에게

절호의 기회를 제공한 셈입니다.

게다가 국적마저 간단히 취득할 수 있으니

신분을 감추어야 할 사정이 있는 사람이나

비밀 자금을 숨겨 두려고 하는 사람들에게

큰 인기를 끌었습니다.

전 세계에서
들어온 돈

나우루 공화국은 은행을 점점 더 많이 만들었고,

400곳이 넘는 은행이 하나의

메일박스에 등록되어 있었습니다.

따라서 실제로 은행은 하나뿐이었지요.

세계 곳곳에서 활동하는 마피아와 테러리스트의 자금이

차례로 들어왔습니다. 물론 다른 나라들로부터

비난이 빗발치듯 쏟아졌습니다.

러시아는 비난 성명을 발표했습니다.

"우리나라에서 활동하는 마피아의

자금이 나우루로 유입되었는데, 그 액수가

올 한해에만 700억 달러나 된다."

하지만 나우루 정부는 어떤 비난에도

모른 체하며 끄떡도 하지 않았습니다.

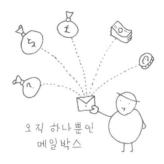

오직 하나뿐인
메일박스

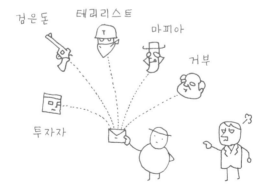

검은돈

테러리스트

마피아

거부

투자자

그러나 이런 방법도

2001년 9월 11일까지만 통했습니다.

뉴욕 세계무역센터

9.11
TERROR

당시 나우루
섬의 모습

TO BE
CONTINUED...

2

드디어, 짝을 찾다

2001년 9월 11일.

그날 미국에서는 동시 다발로

테러가 발생했습니다.

전세계는 힘을 합쳐 테러리스트에

맞섰습니다.

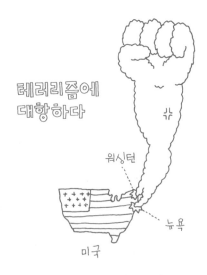

테러리즘에
대항하다

워싱턴

뉴욕

미국

태평양 한가운데, 앨버트로스의 똥으로 만들어진

이 섬에도 그 여파가 미쳤습니다.

미국이 '테러리스트 자금 세탁의 온상지' 라고

지목한 나우루 은행은

붕괴되었습니다.

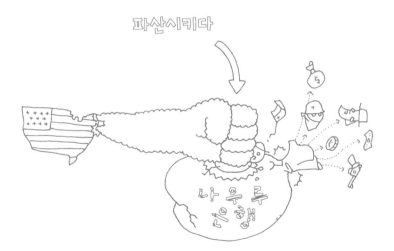

국가 재정은 하루아침에 악화되었습니다.

노동자들에게 임금을 줄 수 없게 되자

수많은 외국인들이

떠나기 시작했습니다.

오스트레일리아가

지원하겠다고 나섰습니다.

하지만 조건이 있었습니다.

난민을 수용해 달라는 것이지요.

오스트레일리아에는

아프가니스탄에서 탈출해 온 난민이

많이 있었거든요.

그들을 모두 받아들이고 싶지 않은

오스트레일리아는 나우루를

난민수용소로 쓰겠답니다.

2002년 5월까지 난민 1153명을 받아들이면

나우루는 3000만 오스트레일리아 달러를

지원받을 수 있습니다.

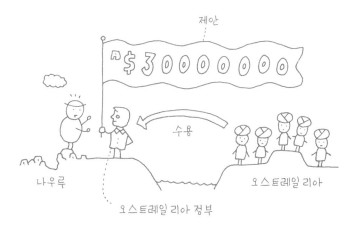

나우루 정부는 이 제안을

받아들였습니다.

수많은 아프가니스탄 난민들이 섬에 상륙했습니다.

나우루 사람들은 겁이 나 벌벌 떨면서

그들을 몇 군데 시설로 나누어 관리했습니다.

이런 난민 수용 대행 서비스는

기한이 끝난 뒤에도 계속되었습니다.

오스트레일리아 정부는

한번 내보낸 난민을

다시 받아들일 뜻이

애초부터 없었습니다.

추가 원조를 하겠다고 하자

나우루는 이라크 난민까지 받아들였습니다.

2001년도에 나우루의 총인구는 1만 2088명이었습니다.

그 중 나우루 사람이 절반을 차지했습니다.

난민이 가장 많았을 때는 그 수가

거의 2000명에 달할 정도였습니다.

인구의 20퍼센트 정도를 난민이 차지하는

사태가 벌어진 겁니다.

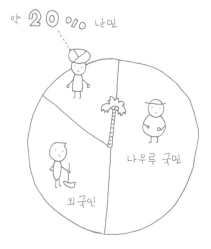

인광석은 거의 남아 있지 않은데

아무런 대책도 없이 난민만 늘어갔습니다.

앞으로 어떻게 할지를 결정하는 건

나우루 정부지만 아무런 방침을 정하지 못했습니다.

관광 비자의 발급이 중지되고,

유일한 입국 수단이던

나우루 항공의 운항도 정지되었습니다.

나우루는 푸른 바다 한가운데

고립되어 버렸습니다.

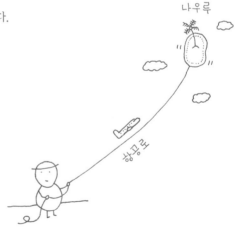

2003년 1월, 나우루는

두 가지 성명서를 발표했습니다.

그런데 성명서를 발표한 대통령의 이름이

각각 달랐습니다.

무슨 일이 벌어진 것일까요?

쿠데타가 일어났는지,

단순한 착오였는지,

나우루에 입국할 수 없으니

어느 쪽 성명서가 맞는지

아무도 알지 못했습니다.

2월로 접어들자, 오스트레일리아 정부가

나우루와 연락이 두절된 상태라고

발표했습니다.

갑자기 나우루의 전화와 인터넷이

단절되어 버린 겁니다.

나라 안에 무슨 일이 벌어지고 있는지 아무도

알 수 없었습니다.

"난민들이 정부를 전복했다."

"통신 시설이 고장난 것뿐이다."

"미국이 테러 작전을 수행하고 있다."

"아무래도 홍수가 난 것 같다."

온갖 소문이 난무했습니다.

이윽고 진짜로 여겨지는

나우루 대통령으로부터 구조 요청이 왔고,

구조팀이 급파되었습니다.

3월이 되자 통신 수단은 복구되었습니다.

덧붙이자면, 구조팀이 도착했을 때

무슨 이유에선지 대통령 집무실이

불타버리고 없었습니다.

더구나 국가 실종 사태가 벌어진 정확한 원인은

아직도 밝혀지지 않은 상태랍니다.

전세계가 안심하고 있을 즈음에

또다시 충격적인 뉴스가 흘러나왔습니다.

구조를 요청하던 진짜 대통령

버나드 도위요고가

어느 샌가 미국으로 망명했다가,

워싱턴에 있는 한 병원에서 심장 발작을

일으켜 급사한 것입니다.

미국에서
급사함

버나드 도위요고

나우루는 어떻게든 국가를 다시 일으키고자 노력했습니다.

나우루 의회의 정원은 18명입니다.

그 중 한 명이 의장을 맡고

나머지 17명이 다수결 원칙에 따라 대통령을 선출합니다.

그런데 나이가 많은 의원들은 당뇨병을 앓거나,

신장이나 심장에 지병이 있는 경우가 많아서,

오스트레일리아에 있는 병원에서

정기 검사나 인공 투석을 받고 있습니다.

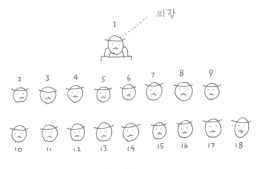

나우루 의회

한 명이 결석하면 남은 16명이

다수결 원칙에 따라 대통령 투표를 하는데, 그러다 보면

찬성과 반대가 똑같이

8대 8이 될 수 있습니다.

이런 때는 의장이 대통령을

결정할 수 있습니다.

간단히 말해 의장이 대통령을

자기 마음대로 정할 수 있는 거지요.

그 때문에 '누구를 의장으로 삼을까'를

둘러싸고 종종 말썽이 벌어집니다.

다툼이 수습되고 차츰 일이 잘 해결되어 가다가도

불참한 의원이 귀국하면 곧바로 불신임안이 제출됩니다.

그러면 눈 깜짝할 사이에 대통령이 뒤바뀝니다.

정치 혼란으로 정부가 제대로 관리를 못하자

분노한 난민들은 처우 개선을 요구하면서

단식 투쟁을 벌였습니다.

'오스트레일리아로 돌아가게 해 달라'고

주장하면서 말이지요.

난민의 인권을 지키라고 비난하는

국제 사회의 여론이 높아졌습니다.

나우루인광석공사의

노동자들도 투쟁에 나섰습니다.

오랫동안 받지 못한

임금 때문이지요.

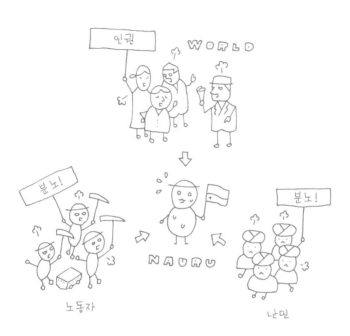

책임 의식을 느낀 오스트레일리아는

차라리 독립을 포기하면 어떻겠냐고

나우루에 제안했습니다.

그러나 나우루 정부는 '민족의 정체성을 잃는 일'이라며

그 제안을 거부했습니다.

그렇다고 해서 마땅한 방안이

따로 있는 것도 아니었습니다.

부랴부랴 난민들 중 일부를

오스트레일리아로 되돌려 보냈습니다.

그럭저럭하는 사이

2004년을 맞았습니다.

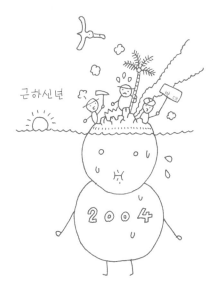

국제연합은 나우루에 불만을 내보이며

난민들의 건강 상태를 점검하기 위해

의료팀을 파견했습니다.

나우루 정부가 단식 투쟁으로 맞선

난민들을 체포하자

이번에는 '인권 수호'를 내세워

변호사를 파견했습니다.

나우루에 딱 두 개밖에 없는

호텔은 전부 난민구조팀으로

가득 차게 되었습니다.

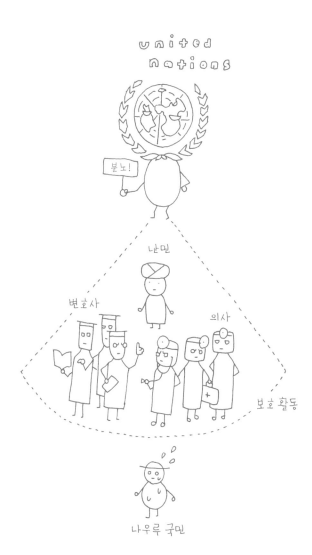

이런 상황에서

무슨 이유인지 나우루는 갑자기

아이슬란드와 국교를 맺었습니다.

'두 나라 모두 바다로 둘러싸여 있기 때문에'라고

발표하면서 말이지요.

나우루
공화국　　아이슬란드

나우루의 외교는 독특합니다.

예전부터 유럽 등 서방 국가들과

우호 관계를 유지해 왔지만

1987년에는 구소련과

외교 관계를 맺었습니다.

또 중국 정부로부터 원조를 받기 위해

오랜 우방인 대만 정부와

갑자기 단교하기도 했습니다.

2004년 4월, 파산 위기가

더욱 심화되었습니다.

미국의 금융회사 지이캐피털이

미화 2억 달러가 넘는 부채를

'5월 5일'까지 상환하라고

요구했습니다.

해외 부동산을 담보로 빌린 부채였습니다.

국가가 사용할 자금을 민간 금융기관으로부터

차입하는 것 자체가 잘못이었습니다.

물론 갚을 수도 없었습니다.

'나우루 하우스'와 '메르퀴르 호텔'이

압류되어 버렸습니다.

다른 부동산도 거의 다

남의 손에 넘어갔습니다.

오스트레일리아 정부가

부족한 자금을 빌려준 덕분에

가까스로 파산의 위기는 벗어날 수 있었습니다.

임시방편이기는 하지만요.

NAURU HOUSE

MERCURE HOTEL

난민들은 조금씩 오스트레일리아로 돌아갔고,

나우루에는 300명 정도가 남았습니다.

그들은 나우루 정부를 상대로

소송을 제기했습니다.

원래 나우루 헌법에 따르면

난민을 구속할 권리가 인정되지 않습니다.

소송

재판

난민

변호사

그런데도 난민수용소가

설치된 것입니다.

재판이 진행되면 상황이 불리했습니다.

헌법을 위반한 사실이

분명했기 때문입니다.

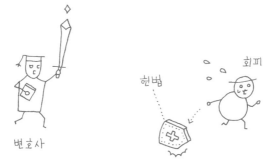

변호사

헌법

회피

그렇다고 바로 난민들을 석방할 수도

없는 노릇이었습니다.

오스트레일리아로부터 원조를

받지 못할 테니까요.

더욱이 난민수용소는 나우루 주민들의

생활에 꼭 필요했습니다.

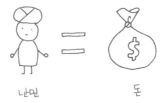

난민   돈

난민수용소를 운영하기 위해

오스트레일리아 군대가 중유를 운송해 왔고,

덕분에 전기를 발전시켜서 이용할 수 있었지요.

또한 상점들은 구조팀을 단골 고객으로 삼아

돈벌이를 하고 있었습니다.

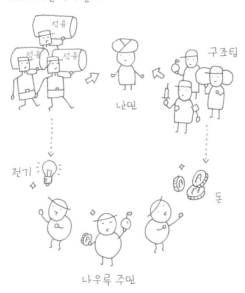

나우루는 궁지에서 벗어나려고 막무가내로 밀어붙였습니다.

재판에 참석할 변호인단에게

비자를 발급하지 않은 겁니다.

변호사가 나우루에 입국하지 못하도록

하기 위해서지요.

그렇게 하면 재판이 열리지 못할 테니까요.

비자

SHUTOUT

변호사

하지만 그런 불법 행위는 용납되지 않았습니다.

이윽고 오스트레일리아 정부가

이 문제를 근본적으로 해결하겠다고 선언했습니다.

나우루에 수용되어 있는 망명자들을

정식 난민으로 인정하고,

그들을 전부 받아들이기로 한 것입니다.

NGO 활동가들이 그들의 석방을 준비하기 위해

요트를 타고 출발했습니다.

이렇게 하여 난민 수용 대행 서비스는

끝이 났습니다.

이런 와중에도 나우루 의원들은

단번에 상황을 역전시킬 만한 투자를 유치하기 위해

분주히 움직였습니다.

아시아의 부동산 그룹과 협정을 체결한 의원도 있었고,

미국 투자 은행의 재건 계획을 승인했다고

발표한 의원도 있었습니다.

그러나 각자 나름대로 활동을 펼쳤지만

성과는 없었습니다.

하지만 이대로 물러설 수는 없었습니다.

마침내 개혁을 요구하는

목소리가 높아졌습니다.

9월에 루드비히 스코티가

새로운 대통령으로 취임했습니다.

그는 의욕적인 모습을 보였습니다.

루드비히 스코티

결의에 찬 오습

압류 상태에 있던 메르퀴르 호텔은

공식적인 절차를 거쳐 매각했습니다.

그리고 먼저 부채를 상환했습니다.

방침은 확고했습니다.

세계 여러 나라들은 이러한 경제 개혁을

높이 평가했습니다.

나우루 정부는 오스트레일리아 재무부 관리들을 초청하여

자국의 재정 상태를 낱낱이 공개했습니다.

하지만 여전히 저항하는 세력이 남아 있었습니다.

9월에 열린 의회에서 의원들은 다음 해

예산안을 심의했습니다.

오스트레일리아 정부가 요청한 대로

부채를 상환한다는 방침에 근거한 예산이었지요.

예산안은 찬성 9표, 반대 8표로

가결될 것 같았습니다.

그런데 예산안에 반대하던 의장이

오스트레일리아 출신의

개혁파 의원을 추방해 버렸습니다.

그 때문에 투표 결과는 8대 8이 되었고,

의장이 반대표를 행사하여 예산안은 부결되고 말았습니다.

나우루에서는 여러 차례 되풀이된 일이지만

스코티 대통령이 이번만큼은 용납하지 않았습니다.

그는 강권을 발동해서

긴급 사태를 선언하고

의회를 해산했습니다.

10월에 총선이 실시되었습니다.

총선 결과는 스코티 대통령이

생각한 대로 되었습니다.

태평스럽게 낙관하고 있던

나우루 국민도 이대로는 안 된다고

생각한 거지요.

선거를 치른 결과

개혁파 의원이 열네 명이나 당선되었습니다.

수구파는 참패했습니다.

투표

나우루의 미래

오랫동안 관직을 유지해 온 원로급 의원들이

다섯 명이나 낙선했습니다. 그 중에는

전직 대통령도 셋이나 포함되어 있었습니다.

수년간 재무장관을 지낸

클로드마르 전직 대통령이 낙선한 것처럼 말입니다.

줄곧 갈팡질팡해 온 나우루 정부지만

이제는 '오스트레일리아 정부가 주도하는 지원 아래

재정 재건을 실현하겠다'는

정책 방향을 정한 듯합니다.

일은 순조롭게 진행되고 있습니다.

나우루   오스트레일리아

앨버트로스의 똥으로 만들어진 나라 이야기는

이쯤에서 마쳐야겠습니다.

약 100년 사이에 이 섬은

전혀 다른 모습으로 변했습니다.

사람들은 풍요로운 생활을 누린 반면

경작지와 고유한 문화는

많이 잃었습니다.

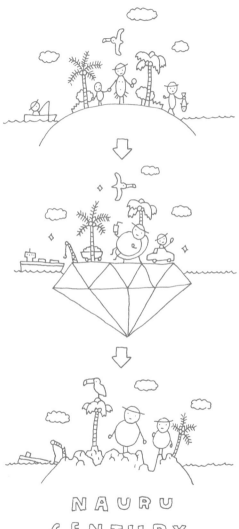

NAURU

CENTURY

얻은 것과 잃은 것,

어느 쪽이 많은지는

인광석의 섬에서 사는 사람들이

지금부터 생각해야겠지요.

그렇게 보통 생활, 보통 수준의 국가란

어떤 것인지를 배워가는 거라고 생각합니다.

하지만 그 '보통'이 무엇인지는

아무도 모릅니다.

나우루 사람도 한국 사람도 미국 사람도

다 모를 겁니다.

마지막으로 한 마디만.

나우루 공화국의 전 대통령

클로드마르는 1997년 2월 일본 교토에서 열린

'지구온난화방지회의'에서 이렇게 말했습니다.

"이 회의가 실패하면 우리나라는

바다 밑으로 가라앉습니다."

또 다른 엄청난 위기가

나우루에게 닥쳐오고 있습니다.

태양

오존층 파괴

나우루

Tip

Republic of Nauru

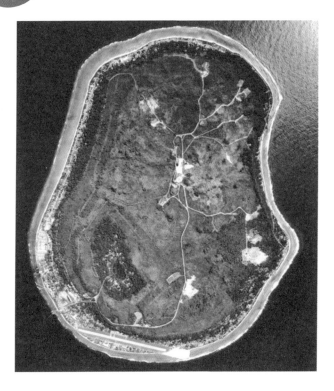

옛날 옛적, 미크로네시아에서
사람들이 건너왔다

1798년	영국의 포경선 헌터(Hunter) 호의 선장인 존 피언(John Fearn)이 서양인으로는 처음으로 나우루 섬을 발견하다. 이때부터 '기분 좋은 섬(Pleasant Island)'이라는 이름으로 불리다.
1888년	독일의 점령지로 바뀌면서 '나우루(Nauru)'라고 불리기 시작하다. 1890년대 후반에 인광석을 발견해 1900년대에 접어들면서 채굴 작업을 시작하다.
1914년	제1차 세계대전 중 오스트레일리아 군대에게 점령당하다.
1920년	오스트레일리아 · 뉴질랜드 · 영국에 의해 통치되는 국제연맹 위임통치령이 내려지다.
1941년	제2차 세계대전이 일어나면서 일본군의 공격을 받다.
1942년	일본군에게 점령당하다.
1943년	나우루 주민 1200명이 추크 제도(트럭 섬)로 강제로 이주되어 노역에 시달리다.
1945년	제2차 세계대전이 끝나다.
1946년	1월 31일, 추크 제도에서 강제 노역에 시달리던 나우루 주민 737명이 귀환하다.
1947년	오스트레일리아 · 뉴질랜드 · 영국에 의해 통치되는 국제연합 신탁통치 지역이 되다.
1968년	1월 31일, 나우루 공화국으로 독립하다. 영국 연방 특별 가맹국이 되다.

100년 전 나우루의 젊은이들은 모두 근육이 잘 발달된 늠름한 모습이었다

자급자족하던 섬에 유럽 사람들이 갑자기 철도를 설치하기 시작했다

원로들에 의해 전수되어 온 나우루의 전통 문화는 100년 사이에 거의 사라졌다

외국인들이 교회를 세웠으며 지금도 기독교가 번성하고 있다

What sort of a country is Nauru?

나우루는 어떤 나라?

나우루 공화국은 바티칸과 모나코에 이어
세계에서 셋째로 규모가 작은 독립국이다.
섬 둘레가 약 19킬로미터로, 자동차로 천천히
한 바퀴 도는 데 30분 정도 밖에 걸리지 않는다.

나우루 공화국의 크기는?

나우루 공화국의 전체 면적은 21제곱킬로미터,
서울 여의도의 약 2.5배 정도 되는 크기다.

나우루는 대통령 중심제이며,
총 18석 규모의 의회가 있다
정부 기관은 아렌(Yaren) 지구에
집중되어 있다

나우루에서 가장 번화한
메넹 호텔. 이 섬에는 호텔이
두 곳 밖에 없다

Travel

나우루는 1979년 우리나라와 수교를 맺었다. 우리나라는 나우루에서 인광석을 수입하고 알루미늄과 차량 등을 수출한 바 있으며, 2005년에는 스쿨버스를 무상 지원하기도 했다. 별도의 주재 공관은 없고 주 파푸아뉴기니 대사관이 겸임하고 있다.

항공편

한국에서 곧바로 가는 항로는 없다. 피지(Fiji)의 난디 국제공항(Nandi International Airport)이나 오스트레일리아의 브리즈번 국제공항(Brisbane International Airport)에서 나우루 항공(Air Nauru)을 이용한다.

환전

나우루 국내에서는 외화로 환전할 수 없다. 입국하기 전에 오스트레일리아 달러로 환전한다. 신용카드는 호텔에서만 이용할 수 있다.

관광 정보 서비스

경제개발부에 소속된 관광담당국에서 관광 정보를 제공받을 수 있다.
전화 +674-444-3181
팩스 +674-444-3891

기후

열대성 기후. 기온은 일년 내내 낮에는 27-32도, 밤에는 25도로 높은 편인데, 해풍이 심하게 부는 편이다. 연중 대부분 건기에 속하며 동쪽에서 무역풍이 불어온다. 11월부터 2월 사이가 우기에 속하는데, 서풍이 분다. 평균 습도는 80퍼센트에 달한다.

시차 한국 시각 + 3시간

통화 오스트레일리아 달러(AUD)

대중교통수단 없음

축제일

01월 01일	신년
01월 31일	독립기념일
05월 17일	헌법기념일
10월 26일	안감데이(Angam Day: 1920년대에 전염병이 돌면서 인구가 급격히 감소하여 전체 인구가 1068명까지 떨어졌다. 1932년 10월 26일에 1500번째 나우루 사람인 에이다루우(Eidaruwo)라는 여자 아이가 탄생하자 그날을 기념일로 정했다)
12월 25일	크리스마스
12월 26일	크리스마스 선물의 날(Boxing Day: 보통 크리스마스 다음날인데, 만약 그날이 일요일이면 그 다음날을 법정 휴일로 정하여 기념한다. 고용인·집배원 등에게 크리스마스 선물 상자를 주는 풍습에서 유래되었다)

Nauru Tours

한때 세계에서 가장 부유한 나라로 알려진 나우루 공화국. 하지만 나우루 사람들은 고층 빌딩이 즐비한 곳이 아니라 구멍투성이의 기암괴석 위에서 한때 풍요를 누리다가 이제는 가난에 허덕이며 산다. 그러나 비교적 즐겁게 지내고 있다.

인광석 채굴 지역에는 기묘한 모양의 바위가 죽 늘어서 있어서 마치 다른 혹성에 온 듯한 느낌이다

나우루의 인광석은 이제 거의 남아 있지 않지만 지금도 채굴 작업은 계속되고 있다.

섬 중심부에 자리 잡은 부아다 라군(Buada Lagoon)이 라는 호수. 예전에는 이곳에서 밀크피시(Milkfish)를 양식하기도 했다.

화물선에 인광석을 싣기 위해 이어 만든 다리. 이제는 사용하지 않는다

일본군의 대포가 놓여 있던 자리. 태평양 전쟁이 한창이던 시기에 이곳은 일본의 점령지였다.

올가미 끈을 공중으로 던져 군함조(Frigatebird)를 사냥하는 모습. 이런 식의 사냥에 가장 뛰어난 남자는 영웅 대접을 받는다

앨버트로스는 이제 멸종 위기에 처한 조류에 속한다. 21세기에 나우루를 대표하는 새는 군함조다

슈퍼마켓이나 공동운영 방식의 생활협동조합에 수입해 온 식료품이 진열되어 있다

물고기를 잡는 나우루 주민. 이제는 전통적 어획 방법을 알고 있는 어부가 거의 없다

나우루에서는 비만을 선호하는 문화가 지배적이다. 나우루 국민은 낙천적 기질을 지니고 있다

나우루 섬에서 일반적으로 볼 수 있는 상점. 거의 모두 외국인이 경영하고 있다

나우루에는 9홀을 갖춘 국영 골프장이 있는데 날마다 고객들로 붐빈다

AHOUDORI NO FUN DE DEKITA KUNI-NAURUKYOWAKOKUMONOGATARI-
by FURUTA YASUSHI & YORIFUJI BUNPEI
Copyright © 2004 FURUTA YASUSHI
Illustration © YORIFUJI BUNPEI All rights reserved.
First published in Japan in 2004 by Aspect Corporation, Tokyo.
Korean translation rights arranged with WANI PLUS Publishing Inc. Japan through Dorothy Agency.

이 책의 한국어판 저작권은 도로시 에이전시를 통해 (株)와니플러스와 독점 계약한 서해문집에 있습니다.
저작권법에 의해 한국 내에서 보호를 받는 저작물이므로 무단 전재와 무단 복제를 금합니다.

지은이 후루타 야스시(古田靖)
1969년 아이치 현에서 태어나 나고야 대학 공학부를 중퇴했다. 뉴스, 시사, 스포츠, 비즈니스 등에 관한 글을 쓰며 자유기고가로 활동하고 있다. 블로그 http://tekigi.hiho.jp/blog

그린이 요리후지 분페이(寄藤文平)
1973년 나가노 현에서 태어나 무사시노 미술대학 시각디자인학과를 중퇴했다. 일러스트레이션과 그래픽디자인 분야에서 활발한 활동을 하고 있으며, 2005년에는 일본담배산업주식회사의 '예절 광고 캠페인'과 관련한 포스터를 만들어 신문 광고 분야의 ADC상을 탔다. 홈페이지 http://www.bunpei.com

옮긴이 이종훈
1960년에 태어나 서울대학교 사회학과를 졸업했다. 프리랜서로 출판 관련 일을 하고 있으며, 최근에는 전문 번역가로도 활동하고 있다. 옮긴 책으로《콜럼버스 항해록》《Visual Thinking》《스픽스의 앵무새》《슬로머니》등이 있다.

누구나 꿈꾸는 세상
앨버트로스의 똥으로 만든 나라

초판 1쇄 발행 2006년 5월 15일
초판 14쇄 발행 2022년 5월 20일

지은이	후루타 야스시
그린이	요리후지 분페이
옮긴이	이종훈
펴낸이	이영선
편집	이일규 김선정 김문정 김종훈 이민재 김영아 이현정 차소영
디자인	김회량 위수연
독자본부	김일신 정혜영 김연수 김민수 박정래 손미경 김동욱

펴낸곳 서해문집 | 출판등록 1989년 3월 16일(제406-2005-000047호)
주소 경기도 파주시 광인사길 217(파주출판도시)
전화 (031)955-7470 | 팩스 (031)955-7469
홈페이지 www.booksea.co.kr | 이메일 shmj21@hanmail.net

ⓒ후루타 야스시, 2006
ISBN 978-89-7483-280-3 02080

이 도서의 국립중앙도서관 출판예정도서목록(CIP)은 서지정보유통지원시스템
홈페이지(http://seoji.nl.go.kr)와 국가자료공동목록시스템(http://www.nl.go.kr/kolisnet)에서
이용하실 수 있습니다.(CIP제어번호: CIP2006000947)